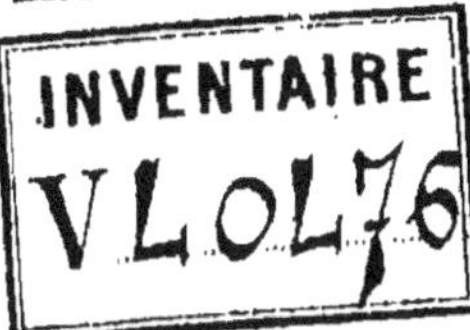
INVENTAIRE
V 40476

I0751782

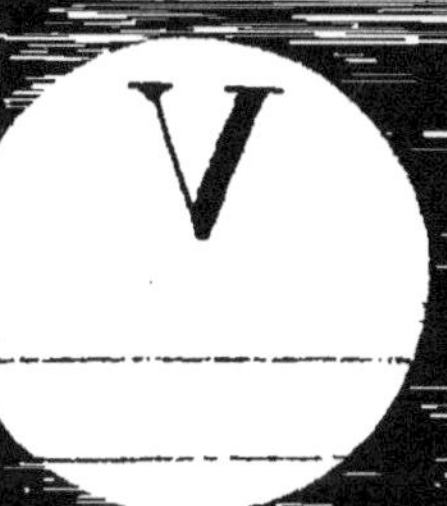
V

Prix : 50 cent.

REVUE
DE
L'EXPOSITION
UNIVERSELLE

PAR ÉDOUARD GORGES

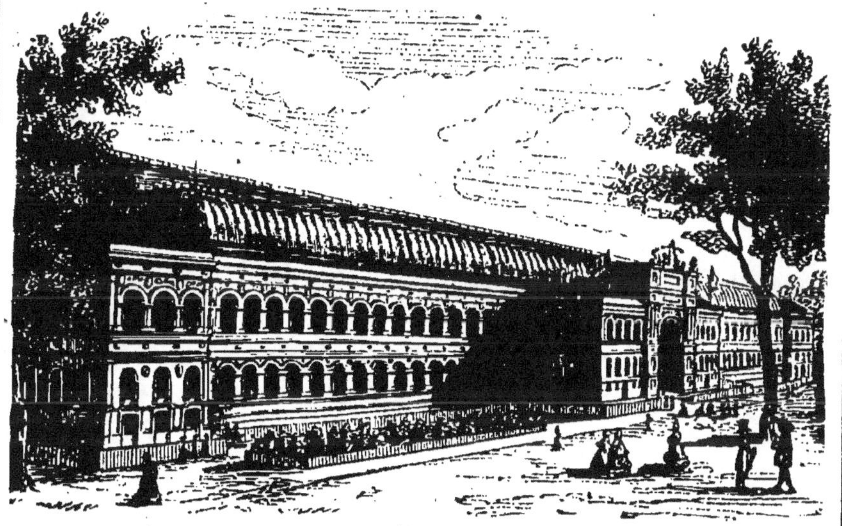

Bronzes d'Art.

PARIS
FERDINAND SARTORIUS, ÉDITEUR
9, RUE MAZARINE, 9

1855

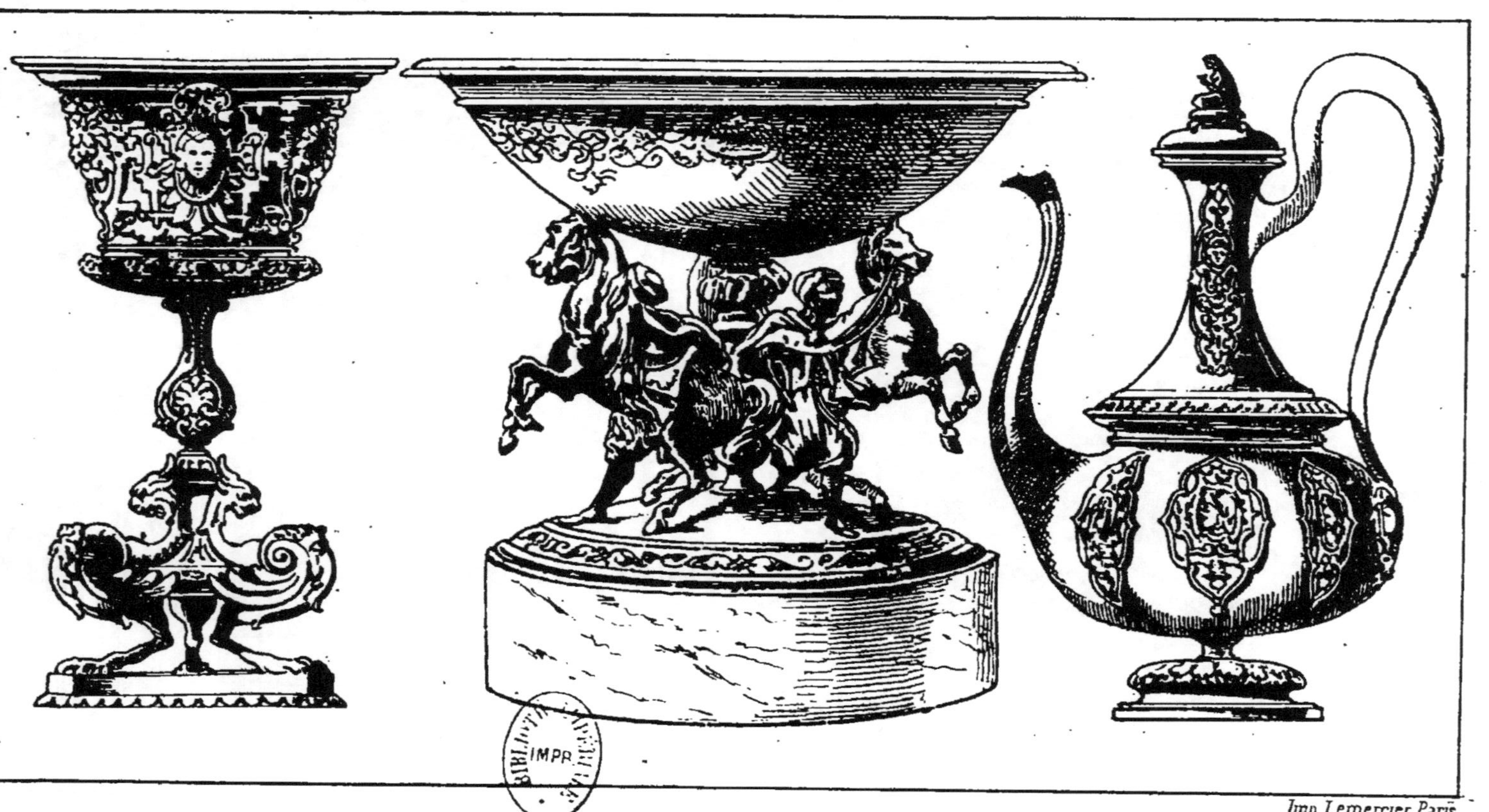

Imp. Lemercier. Paris

Tiré de l'Exposition de M. Maurice Mayer.

LES MERVEILLES DE LA CIVILISATION

REVUE
DE
L'EXPOSITION
UNIVERSELLE

PAR

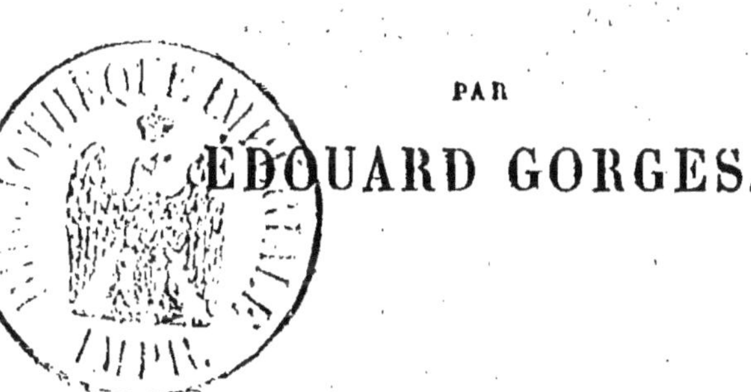

ÉDOUARD GORGES.

V. — Orfèvrerie — Joaillerie

PARIS
FERDINAND SARTORIUS, ÉDITEUR,
9, RUE MAZARINE, 9

1855

PARIS. — TYP. SIMON RAÇON ET COMP., RUE D'ERFURTH, 1.

REVUE

DE

L'EXPOSITION UNIVERSELLE

SOMMAIRE.

Profession de foi. — Conseils aux étrangers. — Mercure, dieu des voleurs et des marchands. — Voyage autour de l'Exposition. — Pourquoi les chiffres ne figurent pas sur les produits. -- Voyage sentimental au pays des annonces et des réclames. — Qu'est-ce qu'une réclame? — Le producteur et le marchand. — Orfévrerie. — Bijouterie.— Galvanoplastie. — Diamants de la couronne. – Le Régent. — Le Sancy. — L'Étoile du Sud. — Imitation. — Galvanoplastie française, autrichienne, anglaise. — Le chapeau de monseigneur le duc de Brunswick, etc., etc.

ORFÉVRERIE — JOAILLERIE

I

Il est bon que l'on sache ici que la *Revue de l'Exposition*, comme nous l'avons commencée, comme nous espérons la finir, n'est ni ne sera une collection de réclames menteuses sollicitées ou payées tant la ligne : nous prétendons être aussi indépendant que cela nous est permis, et, moyennant le franc quotidien déposé dans le tronc du tourniquet de la compagnie, distribuer GRATUITEMENT nos critiques et nos éloges.

Il est passé le bon temps où le lecteur bénévole digérait avec satisfaction les longs, longs romans de MM. Dinocourt, E. Berthet, Sue, Féval, Dumas et compagnie!.....

Qui se souvient aujourd'hui de *Pape et Empereur ?* — du *Juif Errant?* —du *Fils du Diable* et de *Monte-Christo ?*

Le public n'est plus ce vieux marmot qu'il fallait endormir par des sornettes plus ou moins romanesques, — c'est un vieux jeune homme qui cherche à s'instruire — en s'amusant.

Je n'en veux pour preuve que les cent mille visiteurs qui, chaque jour, de tous les points de la France, de l'Europe, du monde, viennent admirer les merveilles entassées dans le Palais de l'Industrie.

Nous espérons donc que le public voudra bien suivre, avec quelque intérêt, l'examen pénible, laborieux, mais sévère, impartial et instructif, que nous nous proposons de faire des productions du génie artistique et industriel du monde civilisé.

Dans cette grande lutte pacifique, la France conservera-t-elle le privilége de l'élégance et du bon goût qu'elle se décerne avec tant de complaisance ?

C'est ce que la suite nous apprendra.

Nous croyons l'avoir déjà suffisamment démontré dans nos livraisons précédentes ; nous sommes cosmopolite en fait d'art et d'industrie : le travail et la pensée ne sont-ils pas de tous les pays ?

Quoi qu'il en soit, du reste, nous avons pensé qu'un parallèle entre les produits similaires exposés par la France, l'Angleterre, l'Autriche, l'Italie, la Chine, l'Inde et la Turquie, ne saurait manquer d'exciter un vif sentiment d'intérêt et de curiosité dans tous les esprits sérieux que préoccupent les questions industrielles.

Jusqu'à présent nous n'avons guère fait, pour ainsi dire, que tourner autour de l'Exposition : notre première livraison a été consacrée à des considérations générales sur l'importance de l'industrie, à la biographie des noms inscrits sur la frise du Palais ; la seconde et la troisième aux beaux-arts français et étrangers ; la quatrième à l'agriculture ; aujourd'hui nous allons, pour n'en plus sortir, entrer dans le grand bazar de l'Exposition universelle.

Une des choses qui m'a le plus surpris en entrant, ç'a été, je l'avoue, l'absence à peu près complète des chiffres sur les produits exposés.

Cependant, dans le discours d'inauguration prononcé le 15 mai, le prince Napoléon disait :

« Par une innovation hardie qui n'avait pas été faite à Londres, les produits exposés PEUVENT porter l'indication de leur prix, qui devient ainsi un élément sérieux d'appréciation pour les récompenses. Tous ceux qui s'occupent des questions industrielles comprendront combien ce principe est important et quelles peuvent en être les conséquences [1] ».

Il faut en convenir, MM. les exposants n'ont pas abusé de la permission : — Pourquoi ?

La raison est facile à comprendre.

Dans l'industrie des draps, par exemple, le dialogue suivant a dû s'établir les premiers jours entre les membres de la commission impériale, les fabricants de Sedan, Louviers ou Elbeuf, et messieurs du commerce de Paris :

— La Prusse, l'Autriche, exposent des qualités de draps supérieures, à douze et quinze francs; l'Angleterre, à six francs cinquante le mètre ; vous devez montrer que la fabrication française peut soutenir la comparaison des prix et de la qualité : de deux choses l'une, messieurs les fabricants : vous êtes inférieurs ou supérieurs aux fabricants étrangers; si vous êtes inférieurs, confessez votre incapacité ou votre impuissance : vous

[1] Voir la première livraison, p. 31.

êtes indignes de la protection de vingt-quatre pour cent que la loi vous accorde : — si vous êtes égaux ou supérieurs, à quel titre les demanderiez-vous désormais ?

Consternation, frayeur, désespoir des marchands de draps...

— Si les fabricants affichent leurs prix, que deviendrons-nous ? Qui voudra nous payer trente francs le mètre l'étoffe que vous nous vendez douze francs ?

Et les tailleurs !...

— Si vous affichez vos pantalons à quinze francs, à six francs, qui consentira jamais à nous les payer quarante-cinq et soixante francs ? Et vingt-cinq francs les gilets que vous afficherez à trois francs cinquante centimes !...

Et ainsi des autres industries.

Nous pouvons comprendre, après cela, pourquoi le prix réel, commercial, des objets exposés est encore un mystère ignoré du consommateur. Mais ce n'est pas seulement le prix que je voudrais connaître, c'est le nom de l'ouvrier, de l'artiste qui a ciselé, sculpté, dessiné, créé le produit...

En général, messieurs du commerce se dorlottent devant leur vitrine, dans la douce satisfaction de leur haute importance... Vous recevez des médailles, des éloges et des mentions honorables, messieurs, c'est fort bien ; mais n'oubliez pas, je vous prie, l'ouvrier qui végète obscur dans la poussière de votre atelier... C'est comme si l'éditeur signait ou vendait sous son nom les œuvres de Lamartine ou de Victor Hugo.

Au reste, ceci n'est qu'un détail, mais nous avons des reproches plus sérieux à faire au commerce de Paris.

Nous croyons devoir consigner ici quelques conseils, quelques observations qui, peut-être, ne seront pas complétement inutiles aux étrangers qui visitent l'Exposition.

II

En général, le Parisien voit avec assez peu de satisfaction la foule qui vient lui disputer, le trottoir de la rue, le boulevard, les promenades, sa place au café, sa table au restaurant, sa chambre dans son hôtel; mais le commerçant, embusqué derrière son comptoir, comme l'araignée au milieu de sa toile, suit, épie, avec des tressaillements de joie, tous les gestes, tous les mouvements de l'individu qui commence par s'arrêter devant son étalage et franchit en hésitant le seuil de sa boutique...

Une fois entré, il est pris, il n'en sortira plus...

O gens honnêtes et candides qui, pour voir l'Exposition! quittez bravement les rues verdoyantes et tranquilles de vos villes désertes, vos jardins pleins de fleurs et d'ombre... prenez garde !...

Que Mercure, dieu des voleurs et des commerçants, vous soit en aide !

Méfiez-vous de la montre du cocher qui vous conduit...

— Du sourire féroce du maître d'hôtel...

— Des conseils perfides du garçon qui vous sert...

— De l'addition du restaurateur.

Paris est plein d'embûches, de traquenards et de fripons : vous vous apercevrez tôt ou tard que vous avez acheté du chrysocale pour de l'or ; mais je vous défie bien de me dire, en sortant de table, ce que vous avez bu ou mangé à votre dîner ; le fabricant lui-même serait fort embarrassé de vous en donner la recette.

Bientôt, dans un roman que nous intitulerons VOYAGE SENTIMENTAL AU PAYS DES ANNONCES ET DES RÉCLAMES, nous nous promettons de mettre en action toutes les friponneries, tous les vols, tous les scandales, tous les mystères du commerce de Paris. Nous vous dirons alors comment le commerçant de Paris donne à l'eau-de-vie — le bouquet avec l'acide sulfurique, — et le montant avec le poivre, le gingembre, le piment et l'ivraie ; comment il la rend onctueuse avec l'ammoniaque et le savon blanc, — *friande* avec l'alun et le laurier-cerise...

Comment il altère le beurre en y introduisant de la craie, de la fécule de pommes de terre cuites, du suif de veau, du carbonate, de l'acétate de plomb... comment il lui donne une belle couleur jaune avec le safran, le sucre de carottes et les fleurs de souci, etc...

Comment on fait la bière sans houblon, avec de la chicorée, de l'écorce de buis, des têtes de pavot, du bois de gaïac, de la noix vomique et des clous de girofle...

Le café avec des pois chiches, de l'avoine, du seigle, des haricots, de l'orge, du blé, des glands, des châtaignes, des carottes, de la betterave et de la chicorée...

Et la chicorée avec du sable, des briques râpées, du noir animal et du marc de café...

Le chocolat avec des jaunes d'œufs, du suif, des amandes grillées, de la sciure de bois...

Le cidre avec du sucre de fécule, de la cassonade, du vinaigre, de la chaux, de la craie, de la céruse et de la litharge...

Le lait avec de la fécule, de la farine, de l'amidon, de la dextrine, du riz, de l'orge, du son, des blancs d'œufs, de la gélatine, du jus de réglisse et des carottes, quand on n'y met pas des cervelles d'animaux abattus à Montfaucon.

Dans le pain, on glisse de l'alun, du sulfate de zinc, du sulfate de cuivre, du carbonate d'ammoniaque, du carbonate de potasse et de magnésie, de la craie, de la terre de pipe, du borax, du plâtre, de l'albâtre, des sels de mercure, de la fécule de pommes de terre, etc.

Dans le sel, on introduit du sulfate de chaux, du plâtre, de la terre, de l'argile, du grès en poudre, de l'alun, etc.

Dans le sucre, de la glucose, de la craie, de la farine, du sable et du plâtre...

On relève le vinaigre par les acides sulfurique, chlorhydrique, citrique, tartrique, oxalique, etc., etc.

Et le vin! prodige de la chimie! on ne le récolte plus que la nuit dans les caves de Bercy.

Bon appétit! messieurs les visiteurs, et surtout que la digestion vous soit légère!

Par exemple, je m'empresse de vous assurer qu'aucun de ces produits n'a été admis au palais de l'Exposition.

Qu'il soit donc bien établi pour la suite que mes éloges s'adressent au fabricant et jamais au commerçant : acheter à vil prix et vendre le plus cher possible, voilà son rôle. Il n'a pas besoin d'encouragement pour cela...

III

ORFÉVRERIE.

Nous ne pouvons avoir pour but, dans ces articles, de décrire en détail les procédés employés par l'orfévre dans la fabrication des différents produits de son industrie; mais, avant de passer en revue les divers objets qui figurent dans le palais de l'Exposition, nous allons décrire sommairement l'histoire de cette branche importante de l'industrie, dans laquelle l'art vient centupler la valeur de la matière première.

L'art et l'industrie sont ici, comme dans les bronzes, réunis, confondus de la manière la plus intime. Ces objets d'un luxe princier, destinés à l'ornement des temples et des palais, à rehausser la richesse d'une table ou la splendeur d'un salon, doivent être moins l'exhibition monumentale d'un capital improductif, une satisfaction grossière de la sottise enrichie, qu'un objet d'art dont les formes élégantes et gracieuses, dont le bon goût et la pureté des lignes fassent oublier et pardonner la richesse du métal employé.

Les ornements, les lignes, sont le tableau, c'est-à-dire la chose principale; l'or, l'argent, forment le cadre, c'est-à-dire l'accessoire.

Cela est tellement vrai, selon nous, que l'invention du plaqué, les nouveaux procédés de dorure et d'argenture par l'électricité, l'abandon du massif pour le creux, l'estampage, le moulage, tous les procédés mécaniques, en un mot, réalisent un grand progrès dans l'orfévrerie en mettant ce produit à la portée de toutes les classes de la société.

Il y a plus: l'art a tout à gagner à la suppression au

moins partielle des objets précieux employés dans l'orfévrerie. Louis XIV n'eût pas envoyé à la Monnaie les œuvres merveilleuses de Ballin si elles eussent été en bronze ou en plaqué au lieu d'être en argent massif.

L'orfévrerie, comme tous les genres d'ornementation, est l'expression du goût de son époque : les lignes nettes et pures des différents modèles grecs et romains conservés dans nos musées nous rappellent la simplicité élégante de l'art antique.

L'orfévrerie byzantine du temps de Charlemagne affecte des formes plus lourdes, des ornements plus tourmentés.

Au moyen âge, elle n'est guère que la reproduction, que la réduction de l'architecture de cette époque : les châsses, les reliquaires, les ostensoirs, les chandeliers, les retables d'autels, ne sont que des petites cathédrales en miniature. Ainsi, jusqu'au quinzième siècle, les figures sont allongées, terminées en gaîne; les plis des draperies, lourds et collés le long du corps, sont chargés d'une grande profusion de bijoux et d'ornements.

C'est dans les curieux mémoires de Benvenuto Cellini qu'il faut étudier l'histoire de l'art du ciseleur et du sculpteur à l'époque de la Renaissance.

A cette époque seulement, après la grande révolution de Martin Luther, l'art commence à sortir de son enveloppe catholique. Les écrivains, tailleurs de pierres, d'images, graveurs, sculpteurs, deviennent non-seulement profanes, mais encore frondeurs et licencieux. Il s'opère une réaction violente contre l'oppression cléricale et monastique du moyen âge. Tous les ornements de cette époque, depuis les gargouilles des églises jusqu'aux arabesques des autels et des tombeaux, ne sont que des satires sculptées contre la gloutonnerie et la lubricité des moines. L'indulgence excessive du clergé régulier pour les fantaisies libidineuses des sculpteurs de cette époque annonce une haine profonde des vices scandaleux qui s'étaient introduits dans les ordres monastiques pendant la nuit du moyen âge.

Jusqu'à la Renaissance, l'artiste et l'artisan ne faisaient qu'une seule et même personne. C'étaient la tête et le bras d'un même corps répondant à l'impression d'une même pensée.

Benvenuto Cellini était en même temps sculpteur, graveur et orfévre, c'est à lui que nous devons les progrès que fit à cette époque en France l'art du fondeur en bronze.

Les orfévres étaient d'habiles sculpteurs; les personnages enlacés dans les fouillis de branches, de feuilles, de fleurs, en un mot tous les ornements répandus avec une exhubérance étonnante d'imagination, sont pour la plupart des merveilles de goût, d'élégance et d'habileté pratique.

Sous Louis XIV, l'orfévrerie, comme tous les arts,

prend un certain aspect monumental, abdique toute inspiration, toute spontanéité, et subit gravement les lois de l'étiquette et d'un goût sévère.

Au dix-huitième siècle, sous Louis XV, rien de régulier : les personnages, les formes ondulées, les lignes tourmentées, se prêtent à tous les caprices, à toutes les fantaisies de l'imagination.

Une promenade de quelques jours au palais de l'Industrie nous apprendra ce que l'orfévrerie est aujourd'hui, non-seulement en France et en Europe, mais encore dans le monde entier.

Nous devons d'abord placer hors ligne, en dehors de toute comparaison, la vitrine de Froment-Meurice, que la mort vient d'enlever aux arts. Cette vitrine efface complétement toutes les splendeurs d'orfévrerie, toutes les merveilles les plus délicates de bijouterie si admirées auparavant. Dans tous les autres ouvrages on compte la matière pour beaucoup, c'est par la richesse des matériaux que l'on se sent attiré. Mais dans l'exposition de Froment-Meurice, on oublie complétement la matière, et l'or augmente à peine la valeur de l'œuvre. Froment-Meurice est sans contredit le Benvenuto Cellini de notre siècle. Nul mieux que lui n'a su donner à une coupe une forme harmonieuse et élégante, nul mieux que lui ne sut approprier la forme d'un vase à l'usage auquel il est destiné ; disposer avec plus d'art, grouper avec plus de talent, dessiner avec plus de grâce et de correction, les figures, les oiseaux, les animaux et les fleurs; les arabesques courent, grimpent sur les flancs d'un vase avec une élégance, avec une légèreté dont rien n'approche; la finesse de la ciselure égale la correction du dessin.

Lorsque Froment-Meurice mourut, il laissa plusieurs beaux ouvrages inachevés. On les a exposés tels qu'il les a laissés. C'eût été un crime de les terminer, un crime aussi grand que d'achever une esquisse d'un maître.

Il y a dans cette vitrine splendide des broches émaillées dont le médaillon est entouré de figurines ciselées avec une habileté incroyable, des broches de diamants où le diamant semble s'être assoupli sous le doigt de l'artiste et s'être laissé chiffonner comme les pétales d'un œillet ou d'une rose; des coffrets en argent et en émail d'un goût exquis, un calice en or et en émail cloisonné dans le goût byzantin, d'une pureté de formes et d'une tranquillité vraiment religieuses; un service de table en argent, inachevé, un triptyque émaillé dans le genre des émaux de Limoges, une coupe en cristal de roche montée en argent ciselé, qui appartient à la princesse Mathilde; un beau surtout inachevé, à l'Empereur; une crosse épiscopale ciselée en argent, une admirable coupe supportée par un arbre d'argent, à l'ombre duquel paissent de grands bœufs d'argent, etc.

De là nous passerons à l'examen des produits de M. Maurice Mayer.

Ces produits consistent : 1° En un service de couverts pour S. M. l'Empereur ; 2° en un autre service de couverts et surtout de table pour M. le baron James de Rothschild ; 3° enfin en un service à thé et un service à café pour M. le baron Salomon de Rothschild.

Le service de couverts commandé par l'Empereur, malgré les ciselures délicates et l'ornementation grave et correcte, ne supporte pas la plus légère comparaison, pour le style des grandes pièces, avec le service en argenterie de M. Christofle dont nous parlerons tout à l'heure.

Le surtout de table et les différents services faits pour MM. James et Salomon de Rothschild se composent de seize pièces montées, de différente dimension, de telle sorte, qu'étant disposées sur la table, elles représentent une pyramide aplatie, dont le sommet est figuré par la pièce du milieu. Ces pièces sont formées d'une tige à balustre en vermeil, au pied de laquelle se dressent à droite et à gauche deux bacchantes soutenant un plateau, d'un de leurs bras gracieusement arrondi sur leur tête. Sur d'autres pièces, les bacchantes, au nombre de trois, sont assises autour du socle, et supportent de larges coquilles d'argent. Les statuettes, également en argent, et qui ont environ vingt-cinq centimètres de hauteur, sont d'une bonne exécution. Sur les deux faces du socle, entre les deux bacchantes, deux génies supportent le blason de la maison de Rothschild, avec cette devise : *Concordia, integritas, industria*.

Ces deux petits sujets se font remarquer par la souplesse des formes, la grâce de l'attitude et la finesse du modelé.

Les grandes pièces du surtout ont trois étages de plateaux ; les autres en ont deux. Les plateaux supérieurs sont supportés par des rinceaux, dans lesquels des sylphes s'ébattent dans des poses agréablement tourmentées. Un enfant, perché sur le sommet du balustre et jouant avec un fruit, sert de couronnement à cette œuvre remarquable.

Tous ces détails, qui échappent à l'analyse et que l'œil seul du connaisseur peut saisir et apprécier, constituent un ensemble de goût et d'harmonie qui assurent à l'artiste une place honorable dans l'orfévrerie française.

Arrivons maintenant aux services à thé et à café de M. le baron Salomon de Rothschild.

Le service à thé est d'un style tout à fait chinois.

Le thé étant un produit de la Chine, M. Mayer, en homme de goût, a eu l'heureuse pensée de donner à son œuvre la couleur locale. La bouilloire est entièrement couverte de riches ciselures reproduisant une infinité de scènes et d'allégories chinoises : elle est à deux becs représentant deux Chimères du plus beau travail. L'anse est formée d'un lézard à deux têtes.

Les théières ont la forme, l'une d'une poule, et l'autre d'un éléphant fantastiques. Les pots à crème figurent, le premier une façon de rhinocéros accroupi, le second un monstre mythologique au corps d'hippopotame et à la tête de veau marin.

Les sucriers sont des coupes supportées par un ours à demi dressé sur un trépied d'une richesse d'ornementation impossible à décrire.

La boîte à thé, de forme carrée, repose sur quatre pieds de chimère : le couvercle est surmonté d'un petit éléphant, portant un dignitaire du Céleste Empire.

Dans toutes les pièces de ce service, M. Mayer a su, avec bonheur, marier l'émail à l'argent et à l'or; c'est là une innovation d'un charmant effet.

Le service à café, entièrement en vermeil, est dans le style oriental. N'est-ce pas de l'Orient que nous vient le moka?

L'ensemble de ce service est d'une grande richesse.

Nous ne saurions passer sous silence un miroir de toilette d'un mètre et demi de hauteur environ.

Le cadre se compose de deux parties : la bordure proprement dite et l'ornementation qui l'entoure forment un second encadrement, le tout en argent massif. La bordure est toute en émail, arabesques en or, pierres et perles fines : on ne saurait rien imaginer de plus coquet, de plus riche, et en même temps de plus distingué.

L'encadrement est formé de branches et de bouquets de roses, dans lesquels folâtrent des enfants et des oiseaux. Mais il faut voir ce chef-d'œuvre de patience, d'habileté et de grâce, pour s'en faire une idée exacte. Les roses ne sont pas fondues ; ce sont des pièces rapportées, comme dans les fleurs artificielles : seulement ici, au lieu d'être en mousseline, les pétales sont en argent.

Nous n'en finirions pas si nous voulions citer en détail tous les coffrets à bijoux, coupes, vide-poches et autres objets d'art et de toilette qui se recommandent par un cachet particulier d'habileté et de distinction.

En joaillerie, M. Maurice Mayer a exposé des objets non moins remarquables. Nous avons admiré un magnifique bracelet en émeraudes et brillants, ainsi qu'un très-riche collier de perles fines, dont le milieu est une agrafe mobile, également en émeraude et diamant, pouvant indistinctement servir de broche ou de bandeau.

Citons encore le chasseur, debout, les deux mains croisées sur sa longue rapière fichée en terre, qui orne le manche d'un couteau de chasse.

— Un verre d'eau en vermeil de forme antique.

Mais ce qu'il y a plus précieux peut-être dans l'exposition de M. Mayer, c'est un petit cachet en acier, sculpté, avec incrustation d'or.

Deux statuettes adossées représentent : l'une, la pudeur; l'autre, la vérité.

Il est impossible de rien imaginer de plus gracieux, de plus coquet : Froment Meurice aurait signé cette pièce.

M. Giroux expose un admirable jeu d'échecs or et argent, fondu et ciselé par les frères Fannières, et vendu 15,000 fr. à une princesse russe.

Des quatre tours, deux sont gothiques avec créneaux, mâchecoulis, herses et pont-levis. — Les deux autres, moresques, sont flanquées de quatre tourelles en nids d'aronde.

Le service à thé de M. Durand est une des pièces les plus importantes de l'orfévrerie française : sa forme un peu lourde s'harmonise assez mal avec les ornements florentins qui ont l'air d'avoir été ajustés après coup; cependant l'ensemble ne manque pas d'un certain caractère monumental qui rappelle le style de Louis XIV.

Des sphinx ciselés sortant à mi-corps des médaillons, et, entre chaque médaillon, de petites statuettes, debout sous un fronton florentin, supporté par des colonnettes cannelées, renflées au milieu, en forme de fuseau, forment l'ornementation supérieure de la fontaine de forme légèrement ovale.

Dans le pied, quatre niches en plein cintre abritent autant de jeunes femmes entourées d'enfants soulevant des guirlandes de fleurs.

Aux quatre angles du socle, des enfants joufflus, dont les queues de sirène enroulées s'arrondissent en forme de patène, supportent quatre burettes antiques; au-dessous et à côté, des théières et des sucriers ventrus, ciselés et brodés à profusion.

Cette pièce, dont la valeur artistique est absolument nulle, fera les délices de deux générations de bourgeois cossus et retournera à la Monnaie.

La coupe en argent, offerte par les habitants de la vallée du Doubs à M. Parendier, ingénieur en chef du département, exposée par M. Rossigneux, fait plus d'honneur à la reconnaissance des habitants qu'au bon goût de l'artiste : on ne peut pas dire que ce soit précisément mauvais, mais la forme et le sujet manquent complétement d'originalité.

— Nous avons remarqué dans la vitrine de M. Marrel plusieurs pièces qui font le plus grand honneur au bon goût de ce fabricant.

D'abord, un grand bouclier de forme ovale représentant l'attaque et la défense d'un pont : une horrible mêlée d'hommes, de femmes, de chevaux, se battent et s'égorgent avec une furie inimaginable.

Un grand vase destiné à être offert en prix de course.

Sur l'épaulement du vase formant une sorte de parapet, un cocher corrige avec sa cravache son cheval qui se cabre et forme en retombant une anse d'un goût assez original.

Le dessin est correct et les détails sont traités avec le plus grand soin.

Le poignard qui est à côté mérite également les honneurs d'une mention particulière. Le manche représente l'archange saint Michel écrasant sous son talon et perçant de sa lance le diable qui se tord avec une grimace effrayante.

Sur la gaîne, Ève debout, souriante, gracieuse et vêtue de ses cheveux, offre une pomme à maître Adam assis à ses pieds.

Ces petites figurines, qui n'ont que quelques centimètres de hauteur, sont assez bien modelées; mais je ne vois pas après tout ce que peuvent faire Adam et Ève sur la gaîne d'un poignard.

— M. Grichois a adopté une spécialité qui nous semble d'un très-bon goût.

Sa vitrine ne contient que des objets en cristal avec incrustation de fleurs, de feuilles et d'arabesques en argent.

Sa pièce principale est un coffret d'une forme commune, mais les ornements sont d'une légèreté et d'une simplicité charmantes.

Nous citerons en terminant, dans l'exposition de M. Debain, une jolie glace de toilette avec un cadre d'argent dans le style Louis XVI. L'ornementation est simple, mais de bon goût.

ORNEMENTS D'ÉGLISE.

Écrivant une Revue de l'Exposition aussi complète que possible, nous ne pouvons oublier de parler des ornements d'église, qui forment une des branches les plus importantes de l'orfévrerie.

Tout le monde connaît les articles de foi : nous n'avons rien à décrire ; nous nous bornerons à citer.

D'abord, dans la vitrine de M. Trioullier, deux riches couronnes de brillants et rubis destinées l'une à Jésus-Christ, l'autre à la Vierge, offertes par les paroissiens à l'église Saint-Laurent de Paris.

Nous ne parlerons pas des ciboires de vermeil incrustés d'émaux encadrés de diamants et chargés d'incrustation de rubis et d'émeraudes, ils sont sans nombre

La pièce principale est un Saint-Sacrement d'une hauteur d'un mètre cinquante centimètres environ, appartenant à la paroisse de Saint-Chaumond (Loire).

Les quatre Évangélistes, avec les attributs qui les caractérisent, sont assis sur le socle. — Debout, derrière, les trois Vertus théologales, la Foi, l'Espérance et la Charité, sont adossées à une gerbe de blé supportant le Saint-Sacrement; un cep de vigne, avec feuilles et grappes d'or, court entre les faisceaux des rayons d'or; des anges et des séraphins, sur des nuages d'argent, forment une gracieuse couronne qui entoure la lunette destinée à recevoir l'hostie.

— MM. Favier et Neveux exposent également une riche collection de vases sacrés, burettes et calices enrichis d'émaux, de brillants et de rubis.

Le prix de ces objets n'est pas indiqué, et à vrai dire cela nous intéresse médiocrement : cependant l'exposition de M. Van Halle, de Bruxelles, nous donnera une idée de la valeur commerciale de ces articles religieux.

Nous voyons d'abord une chape brodée, soie et or, de cinquante mille francs; une autre plus simple n'est estimée que quarante mille francs. C'est une bagatelle pour une âme dévote.

Nous laisserons à des sacristains plus compétents l'évaluation, même approximative, des aubes, chapes, étoles et chasubles qui couvrent les statues de grandeur naturelle de Jésus-Christ, de saint Pierre et du Pape.

Voici quelques lignes de l'étiquette affichée à l'étalage :

« Au centre, sous un baldaquin enrichi de sculptures, de dorures et de broderies en or, sur velours cramoisi, la statue en pied de Jésus-Christ, avec or et pierreries, remet à Pie IX les clefs du Paradis... »

Jésus-Christ, qui pour monture n'avait qu'un âne, pour vêtement qu'une seule robe de laine, doit se trouver bien heureux et bien beau, sous ces lourds vêtements semés d'or et enrichis de pierreries. Mais ce n'est pas notre affaire.

IV

ANGLETERRE.

La pièce principale de l'orfévrerie anglaise est le groupe commémoratif de la corporation des orfévres de Londres, qui déjà avait figuré à l'Exposition de 1851.

Le sommet représente la Prudence et la Charité, versant aux pauvres les trésors de la corne d'abondance; à gauche, un maître et son élève; à droite, une veuve et ses enfants tendant la main; un ouvrier, affaibli par l'âge, laisse ses outils...

Malgré l'explication française déposée au pied du socle, nous renonçons à saisir le sens de cette allégorie métallique.

Sur le piédestal sont les médaillons d'Édouard III, Henri VII et James Ier. Aux angles, les armes de la corporation, supportées par deux licornes.

Deux grands candélabres accompagnent cette pièce principale.

Le sujet du grand candélabre représente Richard II accordant la charte d'incorporation à la corporation des orfévres, en 1392.

Le « Primewarden » de la corporation, à genoux devant les marches du trône, offre des vases ciselés au roi Richard, qui daigne les accepter.

Thomas d'Arundel, chancelier et archevêque de Cantorbéry, est à la droite du roi; la reine Anne de Bohême, à sa gauche. William Stonden, maire de Londres, des pages et un chambellan jouant avec un lévrier, complètent le groupe. Sur la base sont gravées les armes de la corporation ; aux angles, des figures représentent la manière d'extraire, affiner et travailler les métaux précieux.

Les figures du premier candélabre à dix lumières représentent Benvenuto Cellini, Georges Heliot et sir Martin Bowes : trois petits génies de l'orfévrerie sont placés entre les personnages.

Le second candélabre représente Michel-Ange dans l'atelier de son maître, Domenico Ghirlandaio, esquissant une dame occupée à essayer une guirlande de fleurs. Laurent de Médicis examine les ouvrages présentés par un page.

Continuons d'abord la mention des pièces principales envoyées par les orfévres de Londres, nous dirons ensuite notre opinion sur l'ensemble des produits anglais.

L'exposition la plus riche est celle de M. Hancock. Le sujet principal est la mort de lord François Villiars.

Le vieillard est étendu à terre, à côté de son cheval mort. Son fils, debout, adossé à un arbre, se défend, pendant qu'un soldat vient le frapper par derrière.

Cette composition est bien entendue, les mouvements sont un peu gauches, les expressions un peu forcées : cependant c'est, à notre avis, l'une des meilleures pièces de l'exposition anglaise.

A côté, saint Georges, luttant contre un dragon et un lion. — Deux beaux vases style Louis XIV, avec des médaillons de femmes dans des cadres ovales. — Un Napoléon traversant le mont Saint-Bernard à cheval, commandé par l'Empereur. — Trois Grâces soutenant des guirlandes de fleurs adossées à un arbre dont les branches forment un candélabre d'un effet gracieux.

Ce qui nous a paru de meilleur goût, c'est une amphore de forme étrusque avec un enlacement de serpent, et deux verres dépolis, supportés par un pied en argent uni, achetés par madame la princesse Mathilde.

La vitrine de MM. Hunt et Roskell renferme la critique la plus juste et la plus sévère que l'on puisse faire de l'orfévrerie britannique.

Ses deux grands vases florentins à figurines repoussées, son beau bouclier représentant Shakspeare entouré de ses œuvres : la *Tempête*, le *Roi Lear*, le *Marchand de Venise*, *Romeo et Juliette*, *Macbeth*, etc., etc., ne peuvent être comparés qu'aux admirables vases que M. Rudolphi tient précieusement cachés dans l'ombre de sa vitrine.

Cette exposition fait le plus grand honneur au bon goût de MM. Hunt et Roskell, qui ont mis à la tête de leurs ateliers Antoine Vechte, un des meilleurs et des plus habiles artistes de Paris.

Dans l'exposition de M. Garrard de Londres nous citerons seulement une pièce de ciselure fort remarquable.

Le sujet, qui n'a pas moins d'un mètre de hauteur, représente une mosquée indienne avec un ton d'or d'un heureux effet; mais le chef indien qui suit de l'œil ses trois chevaux qui s'échappent, nous semble un peu trop calme : les chevaux ont une allure assez belle. Nous préférons, pour le mouvement, l'aigle terrassant un tigre. — La halte au désert est une pièce remarquable, mais les palmiers sont trop élevés. Les bobèches qui sortent des branches sont d'un effet peu agréable. La pièce de milieu représentant des héros de Shakspeare nous semble un peu mesquine.

En un mot, la partie matérielle, la fabrication anglaise, est d'une exécution irréprochable ; mais ce qui manque au suprême degré, c'est ce rien qui est tout : c'est le goût, la grâce, l'élégance, le sentiment artistique, que les sculpteurs français possèdent avec une si incontestable supériorité.

Aux yeux d'un homme de goût, l'orfévrerie anglaise vaut son pesant d'argent : rien de plus.

V

HOLLANDE.

M. Romain, joaillier de la cour de Rotterdam, nous a envoyé des broches, des châtelaines, des bracelets et des parures qui peuvent faire l'admiration des dames hollandaises, mais qui auraient peu de succès dans les magasins de la rue de la Paix.

Mais l'idée de son surtout, surtout, — nous semble assez originale. Un frêle bouquet de parelles et de feuilles de lierre terrestre supporte une large conque évasée, d'où pendent tordues deux grosses branches de rosiers soutenant deux larges plateaux de cristal.

On cherche par quelle métamorphose le bouquet de feuilles du pied se transforme en quatre bâtons noueux et solides : c'est la naïveté du mauvais goût dans sa plus franche expression.

VI

PRUSSE.

Nous ne rencontrerons plus désormais ces lourdes pièces monumentales d'orfévrerie qui font l'orgueil de la France et de l'Angleterre. Nous nous bornerons à citer sommairement des pièces que ne recommandent ni l'importance du sujet ni un bien grand mérite d'exécution.

M. Wagner, de Berlin, expose une chasseresse à cheval, coiffée d'un bonnet phrygien et drapée à l'antique luttant contre un lion cramponné à la gorge de son cheval.

Cette statuette, dont le mouvement et l'expression sont bons, dont les détails sont bien soignés, n'est qu'une copie de la Némésis qui, depuis dix ans, traîne en plâtre, en bronze et même en lithographie sur tous les étalages de Paris.

Citons de M. Viln un beau vase or et argent ciselé, représentant une vue de Vienne; la gravure or sur argent est d'un bon effet.

— Sur un plateau d'argent ciselé, M. Friedebourg a reproduit par ce procédé une vue fort exacte du Palais de l'Industrie.

Ce genre d'ornementation est dédaigné par les graveurs français; nous ne le trouvons que sur les couvercles des tabatières; il nous semble en effet mieux convenir aux objets de petite dimension.

VII

AUTRICHE.

MM. Scheile frères, de Vienne, nous envoient une curieuse collection de tabatières en or et en argent, émaillées, niellées et ciselées.

On fabrique donc encore des tabatières à Vienne!...

Hélas! en France, la tabatière se meurt, la tabatière est morte... Quel dommage pourtant! on en faisait de si jolies autrefois! ..

Tout le monde avait sa boîte, en buis, en feutre, en corne, en grès, en étain, en or, en argent, en platine, en ivoire; — peintes, émaillées, niellées, sculptées et fouillées avec un goût exquis.

Il y avait des boîtes enrichies de diamants, de rubis ou d'émeraudes.

Le cadeau le plus gracieux, le plus flatteur que pût faire un roi, c'était son portrait incrusté sur le couvercle d'une tabatière, et entouré d'une auréole de brillants.

Les amours n'échangeaient leurs portraits qu'au moyen de boîtes à mouches et à tabac.

C'était le beau temps des miniatures et des émaux.

O Petitot ! ô Ravechel !

Autrefois on jugeait un homme à la manière dont il prenait du tabac.

Valère faisait jouer dans ses doigts sa petite boîte d'or ciselée par Hermoin ou émaillée par Petitot, puisait avec élégance quelques grains de poudre d'Espagne qui retombaient dans les plis de son jabot ou de ses manchettes de dentelle.

Oronte et Turcaret ouvraient avec importance une large boîte d'or, prenaient une large prise qu'ils pétrissaient longuement entre le pouce et l'index, et l'aspiraient avec bruit d'une façon toute magistrale et nasillarde.

La douairière qui se trouvait réduite aux abbés de cour, aux chevaliers du lansquenet et aux carlins, prisait avec recueillement pour éveiller ses souvenirs d'autrefois.

On prisait le macouba, le tabac d'Espagne et de Virginie, le tabac à la rose ou parfumé par la fève de Tonkin.

Tout le monde prisait : Louis XV, Frédéric et Napoléon prenaient du tabac.

La magistrature, les notaires, « les hommes de cabinet, » tous les gens graves, sérieux ou importants, ne se montraient jamais sans une tabatière à la main…

Sous la Restauration, la tabatière devint un signe de ralliement, un instrument d'opposition.

Malheureuse tabatière ! malheureux tabac !

Les portraits de Foy, de Manuel et de Benjamin Constant figuraient sur toutes les tabatières libérales. Une des plus curieuses tabatières de ce temps-là représentait l'empereur Napoléon, dont la silhouette se détachait entre les branches de deux saules pleureurs ombrageant la tombe de Sainte-Hélène.

M. de Marchangy fulmina sur ce sujet de fort beaux réquisitoires... Je ne les ai jamais lus.

M. Prudhomme attirait des profondeurs de sa poche un immense mouchoir à carreaux qu'il étalait fièrement sur les cinq doigts de sa main droite, se mouchait avec un bruit de trompette, tambourinait des doigts sur le couvercle et les côtés de sa large tabatière en buis, massait lentement sa prise, prenait un air grave, sérieux et profondément réfléchi, interrompait sa phrase commencée et se barbouillait brutalement la moitié du visage, « pour s'ouvrir les idées. »

Sous le dernier règne, la tabatière de M. Prudhomme était célèbre.

Aujourd'hui la tabatière, comme la boîte à mouches, n'est plus guère qu'un objet de curiosité. Des splendeurs du trône, elle est tombée aux mains des notaires, des portiers et des ouvreuses de loges...

Pauvre tabatière !...

Elle est morte devant la popularité du cigare.

Le cigare est l'accessoire obligé de toute mise élégante. Il n'est plus permis de se montrer sur les boulevards, aux Champs-Élysées ou dans le jardin des Tuileries sans avoir un cigare à la bouche.

Valère fume, Oronte fume, Turcaret fume; à quinze ans, Damis se prend à fumer.

Le cigare se pavane dans tous les lieux publics avec l'insolence d'un vice de fortune. Le cigare sert de contenance et d'enseigne au fumeur. Avec un cigare on a l'air d'être quelque chose ou d'avoir quelque chose. Le moyen d'imaginer que ce jeune homme si élégant qui se promène en fumant devant les étalages des changeurs et des joailliers a déjeuné avec un cigare ?

Le cigare est une réclame, une comédie qui se joue pour le public. — Montre-moi quel cigare tu fumes, je te dirai qui tu es et ce que tu as.

Autrefois les grands seigneurs oubliaient leurs boîtes d'or sur les tables de la Courtille et des Porcherons; aujourd'hui le cigare brûle dans de beaux salons dorés, dans un temple où trône, en guise de divinité, la dame de comptoir, que l'on encense avec des nuages de tabac.

Secouons la cendre de nos cigares sur la dernière tabatière !

L'Australie nous envoie, parmi ses pépites et ses cailloux veinés de fils d'or, une petite statuette de la hauteur du pouce, représentant un mineur des mines d'or de New-Sout-Wales avec ses outils : cette petite figurine assez curieuse a été faite à Sidney, par M. Hogarth. Elle est estimée trois mille francs.

L'Espagne aussi a voulu faire acte de présence, présence bien modeste au point de vue artistique surtout.

M. Valentin Palau a envoyé un toréador en argent, des Saint-Sacrements et des ostensoirs, et une couronne de branches d'olivier destinée à coiffer M. le duc de la Victoire.

Après cela :

Un encrier... et c'est à peu près tout... Qui se douterait pourtant que l'Espagne a découvert le nouveau monde et conquis le Mexique et le Pérou?

Il est vrai qu'elle ne les a pas gardés.

Après tout, pauvreté n'est pas vice... si ce n'était que cela!...

VIII

L'INDE.

Tout cela est ravissant, merveilleux, admirable, n'est-ce pas? nous avons en quelques heures visité la

France, l'Angleterre, l'Autriche, l'Espagne... cela n'est rien encore : je vous propose de faire un voyage dans l'Inde.

Nous n'aurons besoin, pour cela, ni de passer six mois sur les paquebots transatlantiques, ni d'évocations magiques, ni du manche à balai des sorcières, ni de la baguette des fées : une promenade d'une heure dans la galerie transversale du Palais nous en apprendra plus qu'un séjour de deux ans dans l'Inde, que tous les récits des voyageurs.

Voici les principales scènes de la chasse à l'éléphant : à côté un village indien couvert en chaume, et peuplé de singes, de pigeons et d'Indiens de toutes les professions.

Au-dessus s'étale une curieuse panoplie : des cottes de mailles avec brassards et casques ronds en fer forgé, des cuirasses, des épées de toutes formes, de toutes longueurs, des boucliers, des lances, haches d'armes, fusils, poignards, casse-tête, couteaux à scalper, des arcs en bois et en acier poli, des flèches en bambou à pointe d'acier; en un mot, tout ce que l'art de tuer peut rêver de plus gracieux et de plus coquet.

Ici, c'est un criminel conduit devant son juge : en examinant ces figurines avec un peu d'attention, vous pouvez faire, en quelques minutes, un cours de procédure complet.

Plus loin, c'est un prince indien sous sa tente, entouré des grands seigneurs de sa suite. Le prince, légèrement olivâtre, est coiffé d'un turban de cachemire bleu et or : autour de sa taille, une ceinture enroulée, de couleur et d'étoffe pareille, supporte un large cimeterre à manche d'or merveilleusement ciselé. Impossible de distinguer la couleur de son manteau, dont le fond disparaît complétement sous les arabesques et les broderies d'or et d'argent.

Les officiers, assis sur des tapis, sont vêtus de longues robes de drap d'or et d'argent, rehaussées d'ornements et de broderies d'argent et d'or.

La tente de velours rouge, encadrée de lames d'argent, est d'une richesse et d'un goût merveilleux.

Jusqu'ici nous n'avons vu que des réductions, et il serait permis de suspecter la fidélité de l'artiste; mais la Compagnie anglaise nous a envoyé tous les meubles précieux qui ornent les tentes des nababs.

Voilà d'abord le narguilhé monumental; les spirales du tuyau en filigrane or et argent ondulent comme les anneaux d'un serpent monstrueux sur le tapis de velours rouge encadré d'ornements d'or et d'argent. Puis les coussins, les chasse-mouches, l'éventail, le jeu d'échecs, les tables et les coffrets en mosaïque d'ivoire et d'argent; les babouches enrichies d'or et de pierreries, les coiffures plates, rondes, ventrues, avec un fond carré.

Le nabab seul est absent.

Nous le rencontrons sur le boulevard.

A Paris, il soupe à la Maison-Dorée et se promène au bois, dans des calèches de louage, avec des femmes d'occasion.

Voulez-vous connaître maintenant la joaillerie et l'orfévrerie indienne?

Dans la vitrine de Pakier Tamby, de Ceylan, vous verrez tous les bijoux d'or et d'argent qui ornent les boutiques de nos joailliers : des bagues de rubis, d'émeraudes, des colliers en perles, en or, des cimeterres à manches sculptés ou incrustés de rubis, des aiguières, des gobelets d'or et d'argent sculptés, des bouquets de fleurs, des bracelets, des coffrets, des colliers en filigrane d'un travail et d'une légèreté admirables.

Des cassolettes, des théières, des brûle-parfums, des couteaux et des fourchettes d'argent ciselés; une pagode indienne en argent; enfin, un disque en argent représentant les signes du zodiaque ou les incarnations de Vichnou : à moins pourtant que ce ne soit ni l'un ni l'autre.

Voilà ce que faisaient les Indiens il y a six ou sept mille ans, disent les savants, et pendant que les druides sacrifiaient des hommes à Teutatès, sur les dolmens de l'Armorique.

IX

LA GALVANOPLASTIE.

Nous allons maintenant exposer aussi clairement, aussi succinctement qu'il nous sera possible, l'art de copier, de reproduire en cuivre, en or, en argent ou en tout autre métal, un objet quelconque présentant des reliefs et des inégalités de surface.

Les opérations galvanoplastiques consistent :

1° A préparer le moule de l'objet à reproduire ;

2° A obtenir dans ce moule le dépôt du métal.

Les substances qui peuvent servir à la confection des moules ont présenté longtemps un obstacle sérieux dans les opérations galvanoplastiques. La cire à cacheter ou le plâtre, que l'on rendait préalablement conducteurs de l'électricité par une légère couche de plombagine pulvérisée, sont les seules substances dont on se soit servi au début de ce genre de travaux. Mais le plâtre ne traduit pas avec une fidélité suffisante les reliefs très-délicats du modèle ; il ne pouvait servir que pour les objets d'une reproduction facile, tels que les médailles, les timbres, etc.

La gélatine, moulée à chaud et arrachée du moule après le refroidissement, a remplacé plus tard ces deux matières avec avantage.

Enfin la *gutta-percha*, dont l'emploi est assez récent, est venue fournir à la galvanoplastie une substance qui répond parfaitement à tous ses besoins.

On sait que la gutta-percha se ramollit par la chaleur; ainsi ramollie, on l'applique sur l'objet à reproduire, et la pression fait pénétrer cette matière éminemment plastique dans tous les creux du modèle ; après le refroidissement, son élasticité permet de l'arracher du moule en conservant toute la fidélité et la délicatesse de l'empreinte formée. Ainsi préparé, on rend le moule de gutta-percha conducteur de l'électricité en le recouvrant, à l'aide d'un pinceau, de plombagine en poudre; il ne reste plus, pour obtenir sa reproduction, qu'à le plonger dans le bain électro-chimique.

Le dépôt métallique destiné à remplir ce moule s'obtient en décomposant, par un courant électrique, une dissolution saline contenant le métal à déposer : une dissolution de sulfate de cuivre, par exemple, s'il s'agit d'obtenir un dépôt de cuivre; une dissolution d'un sel d'argent, si l'on veut obtenir un dépôt d'argent, etc.

Quant à la pile qui sert à provoquer la précipitation du cuivre par l'action décomposante de l'électricité, elle n'offre rien de particulier. C'est l'appareil ordinaire, que l'on trouve aujourd'hui à bas prix dans le commerce.

On place cette pile en dehors du bain, ses deux fils

conducteurs plongeant seuls dans le liquide. On attache le moule au pôle négatif, et le métal, précipité par l'action électrique, se portant à ce pôle, le cuivre réduit vient peu à peu remplir les creux du moule. Au bout de quelques jours, ce dernier se trouve recouvert en entier, et l'opération est terminée.

Le cuivre n'est pas le seul métal que l'on dépose par les procédés galvaniques; on peut aussi obtenir industriellement des dépôts d'argent pur. Dans ce cas, sans rien changer aux appareils, on remplace la dissolution de sulfate de cuivre par une dissolution de cyanure d'argent dans le cyanure de potassium, et l'on obtient de la même manière une précipitation d'argent.

Grâce à cette découverte, l'art du fondeur de métaux et les travaux du ciseleur vont être peu à peu remplacés par des procédés empruntés aux laboratoires scientifiques, et toute une classe de produits industriels et artistiques, qui ne s'exécutent qu'au prix de peines et de soins infinis dans les usines métallurgiques, s'obtiennent aujourd'hui sans la moindre difficulté par l'intervention lente et silencieuse des forces électriques.

Issus du laboratoire des savants, les procédés électro-chimiques ne servaient, il y a peu d'années, que comme délassement à quelques amateurs des sciences; ils commencent aujourd'hui à jouer un rôle important dans l'industrie des métaux. Les reproductions galvanoplastiques d'objets d'art exécutés en cuivre trouvent dans le commerce un placement très-avantageux.

C'est l'art de vendre le cuivre au poids de l'or.

X

FRANCE.

La galvanoplastie n'est pas autre chose qu'une photographie métallique; elle multiplie à bas prix et rend ainsi accessibles à toutes les fortunes les merveilles, les chefs-d'œuvre de la sculpture, de la gravure et du dessin.

C'est à ce point de vue surtout que nous attachons une très-haute importance à l'exposition de M. Christofle.

Si l'on veut admirer dans tout leur éclat les résultats auxquels la galvanoplastie peut conduire quand elle s'élève aux hautes productions de l'art, il faut se transporter à la rotonde du Panorama. Là, au milieu des tapisseries d'Aubusson, des Gobelins et de Beauvais, entre les porcelaines de Sèvres et de Saxe, et parmi toutes les autres créations remarquables qui participent à la fois de l'industrie et des beaux-arts, on pourra contempler, dans son élégante disposition, le service d'argent plaqué commandé par l'Empereur à M. Christofle; il se compose d'un assez grand nombre de pièces exécutées en cuivre galvanoplastique, revêtues ensuite par la pile d'une couche d'argent.

La pièce principale du service représente la France, dont la pose et le sentiment rappellent la grande statue qui couronne la porte principale du Palais de l'Industrie, distribuant, de ses deux mains étendues, des couronnes à la Religion, l'Industrie, la Science, et aux Beaux-Arts, assis aux quatre angles du surtout.

A droite, le génie de la guerre, coiffé d'un casque et drapé à l'antique, dirige quatre chevaux qui pourraient être attelés à un char.

Calme et souriante, la Paix étend à gauche son bras protecteur sur quatre bœufs symbolisant l'agriculture. Deux statues de femme et d'homme, assises dos à dos sur le socle d'un candélabre, représentent les villes de France admises au grand banquet impérial.

A vrai dire, pour être fort beau, ce service est loin d'être de tout point irréprochable : ainsi nous n'aimons ni les candélabres, dont les modèles surannés se trouvent peints en vert chez tous les marchands de bric-à-brac, ni les soupières ventrues posées sur des trépieds antiques, de formes, hélas ! trop connues !

Je ne vois rien à reprocher aux bœufs, mais les chevaux sont lourds et mal lancés. Quant aux statues formant les diverses parties du service, elles sont d'un style, et d'une pureté d'un goût parfaits ; c'est assurément ce que l'orfévrerie a jusqu'ici produit de plus admirablement beau. Quels sont les noms des artistes? C'est ce que le fabricant n'a pas jugé à propos de faire connaître au public : pour toute paternité, M. Ch. Christofle a bravement gravé son nom sur le socle du surtout...

Vous verrez un de ces jours le marchand de tableaux signer les toiles de MM. Ingres, Vernet ou Eugène Delacroix.

Citons, en passant, un surtout élégant de M. Thouret ; le sujet est assez gracieux : une ronde de petits Amours en goguette, dansent le dos tourné à un baril que couronne un couple de pigeons se becquetant sur un bouquet de fleurs.

Des statuettes empâtées de formes, lourdes et gauches de mouvement, représentent les quatre saisons. Au-dessus de leurs têtes, des branches de vigne forment un gracieux couronnement que surmonte une couronne de fleurs.

L'ensemble est harmonieux et léger.

— La vitrine de M. Gueyton renferme une très-belle aiguière, sculptée par M. Blancheteau jeune.

L'anse représente le Matin, les deux bras mollement arrondis au sommet de la tête, réveillé par deux Amours.

Sur le ventre de l'aiguière on voit, d'un côté, le

mariage d'Amphitrite ; de l'autre, l'enlèvement de Proserpine.

M. Gueyton a exécuté en outre une belle reproduction en cuivre galvanoplastique argenté du bas-relief de Justin, représentant le *Calvaire*. On doit au même artiste un buste de l'Impératrice en cuivre argenté obtenu d'une seule pièce, ce qui constitue le mérite et la difficulté de ces sortes de reproductions.

MM. Zier et Lefèvre exposent plusieurs spécimens artistiques d'une exécution irréprochable. Une réduction de la colonne Vendôme due à M. Zier attire surtout les regards.

— Citons un beau projet de vase de M. Morel. Le Deuil, représentant l'épisode des serpents de l'Enfer du Dante.

Les objets d'art exécutés en cuivre abondent à notre Exposition. Un grand nombre d'artistes et de fabricants de Paris, entre autres MM. Lefèvre, Lionnet, Poucy, Feuquière, etc., ont exposé des spécimens de ce genre.

XI

AUTRICHE.

Parmi les produits envoyés par l'Allemagne, nous devons citer la *Danse des Willis*, de M. Krep, d'Offenbach, d'après un tableau de M. Gendron. La lune, reflétée dans l'eau du lac, produit un jeu de lumière des plus charmants sur les gracieuses Willis, effleurant, sans les courber, l'herbe des prés et les feuilles des roseaux.

XII

PRUSSE.

Un bas-relief de MM. Voolgod et Sohn de Berlin nous représente l'allégorie touchante de deux jeunes gens brûlant deux couronnes de fleurs sur un autel grec aux pieds du roi de Prusse assis sur son trône.

Le roi tient d'une main le glaive du guerrier, et de l'autre presse la main de sa vertueuse compagne.

Les principaux personnages de la cour forment le cortége.

Cette pièce fait autant d'honneur au talent de l'artiste, qui nous est inconnu, qu'au bon goût du roi de Prusse; que nous ne connaissons pas davantage.

XIII

ANGLETERRE.

On remarque dans les vitrines de MM. Masson et Elkington, de Birmingham, un grand nombre de produits galvaniques, argentés par les procédés galvanoplastiques, qui nous ont paru supérieurs à l'argenture des autres pays, même en y comprenant la France.

Nous citerons le beau groupe du duc Guy de Warvich tuant une vache sauvage. L'argenture bronzée de cette pièce en fait bien ressortir les détails.

— Un peu plus loin, Charles Ier découvre le corps du porte-étendard Edgehill.

— L'entrevue de la reine Henriette-Marie et du prince Rupert. La reine est bien assise sur son cheval, les étoffes tombent sans roideur, et le mouvement du prince qui, un genou en terre et le front incliné, balaye le sol de son feutre panaché, est très-bien rendu.

L'orfévrerie anglaise n'a rien à comparer à ces sujets, qui sont de M. Jeannel, un artiste français que M. Elkington a su attirer dans ses ateliers de Birmingham.

Nous citerons avec éloge une corbeille soutenue par trois palmiers que broute une girafe au coup élancé. L'ensemble est original et agréable ; nous recommandons ce modèle aux artistes français.

— Une grande coupe en cristal, dont le pied est la fleur et la tige d'un arum d'eau, est d'une vérité et d'un mat velouté incomparable.

— Des scènes de Shakspeare bien exécutées comme argenture, mais défectueuses sous le rapport de la composition.

— A côté, les bustes du duc de Wellington, le portrait de la reine Victoria.

XIV

ÉMAUX.

Les émaux, qui forment une partie importante de l'ornementation de l'orfèvrerie, ont été plus particulièrement employés depuis le septième jusqu'au quatorzième siècle.

C'étaient jusqu'à cette époque des espèces de mosaïques dont les diverses parties étaient fondues et coulées, au lieu d'être appliquées par incrustation.

Les plus beaux émaux se fabriquaient à Limoges, où travaillait saint Éloi, à Noyon, à Rouen et à Paris.

Ce genre d'ornementation, fort estimé jusqu'à la Renaissance, décorait, dans les châteaux, les hanaps, buires, burettes, aiguières, bagues, colliers, agrafes, poignées d'épées, couteaux, casques, boucliers, bahuts, fermoirs et couvertures de livres; dans les églises, tous les instruments du culte, les calices, diptyques, candélabres, encensoirs, retables, mitres, crosses, et surtout les reliquaires.

Ce genre d'ornementation est peu en faveur aujourd'hui, et nous ne le retrouvons guère que dans les ornements d'église.

XV

DES NIELLES.

« L'art de nieller, dit M. Vitet dans ses *Études sur les beaux-arts*, qui était fort en usage pendant tout le moyen âge, consistait à étendre dans les tailles d'une gravure, exécutée sur l'or et sur l'argent, une composition métallique, espèce d'émail noirâtre appelé en latin, à cause de sa couleur, *nigellum*, et en italien *niello*; cet émail, qu'on fixait en le mettant en fusion, était ensuite poli avec le reste du métal.

« L'argent et l'or devenaient brillants dans toutes les parties que le burin n'avait pas entamées; partout, au contraire, où il avait tracé le moindre sillon, le nielle en remplissait le creux, et, par sa couleur noire, faisait ressortir vivement le dessin de la gravure, ce qui produisait à peu près le même effet qu'un dessin au crayon noir tracé sur le vélin.

« La niellure était employée pour exécuter des arabesques et autres ornements délicats; on s'en servait aussi pour faire des portraits, ou même de petites compositions historiques, dans des proportions qui n'excédaient pas celles de nos miniatures.

« Ces espèces de médailles étaient ensuite incrustées sur des calices, sur des reliquaires ou sur des couvertures de livres d'autel; on en décorait aussi des meubles et des bijoux. »

Après avoir été oubliée pendant trois siècles, la niellure est, depuis quelques années, revenue à la mode : nous la retrouvons sur des montres, des tabatières, des boîtes à odeurs, des bracelets et des épingles. Seulement, aujourd'hui, les gravures sur l'or et l'argent s'obtiennent par des procédés mécaniques et peu coûteux, mais qui n'ont ni la fantaisie, ni la variété des niellures du moyen âge.

Voici, d'après le *Dictionnaire des arts et manufactures*, les procédés employés :

« On grave le dessin sur une plaque d'acier, on la trempe, et on tire sur une plaque d'acier adouci, au moyen de la pression du laminoir, une épreuve en relief. Cette seconde plaque d'acier sert à imprimer sur l'argent le dessin en creux.

« Le nielle est composé d'argent, de cuivre, de plomb, de borax, de soufre; on applique le nielle en fusion, au moyen d'une spatule, sur la plaque préparée, et on la porte à la moufle; aussitôt que le mélange est bien fondu, sans soufflures, on retire la pièce du feu et on la polit; le métal reste à nu, et les parties ombrées sont un émail dont la teinte, opposée à celle de l'argent ou de l'or, produit des effets remarquables. »

Cette industrie est représentée à l'Exposition par

MM. Chauchefoin et Picard, qui nous offrent des étuis à cigares, des briquets, souvenirs, boîtes de montre, porte-monnaies, bracelets en bijouterie niellée.

Ce goût, peu recherché en France, est, en Russie, la dernière expression de l'élégance et du bon goût.

XVI

BIJOUTERIE.

On compterait plutôt les grains de sable de la mer, les étoiles du firmament, les feuilles des forêts, que les variétés de bijoux, bracelets, colliers, anneaux, chaînes, boutons, breloques, montres, lorgnons, tabatières, etc., etc., etc., qui entrent dans l'industrie du bijoutier.

Le goût des bijoux remonte à la plus haute antiquité. Les Grecs, les Romains, les Maures, les Mexicains et les Indiens s'en servaient pour leurs parures.

Nous ignorons quelle était la forme des diadèmes de Sémiramis et de Didon; nous n'avons aucun détail sur l'anneau de Salomon; mais, d'après les bijoux qui sont conservés dans nos musées, et d'après les bijoux indiens, qui sont assurément d'une antiquité fort remarquable, on peut aisément se faire une idée de ce que pouvaient être ces bagatelles historiques : ce sont, pour la plupart, des morceaux d'or ronds ou carrés formant une bague ou des anneaux qui se portaient au poignet, au biceps ou au bas de la jambe. Les Indiens trouvent plus coquet de porter les anneaux passés dans la cloison du nez : c'est affaire de goût. La mode, malgré ses caprices, n'a pas encore osé essayer chez nous ce genre de parure.

L'art du joaillier ne remonte pas, en France, au delà de 1745, où la taille du diamant acquit tout son perfectionnement.

Si l'on excepte les quelques ouvrages sortis de loin en loin des mains d'habiles orfèvres, la mode du bijou ne remonte pas en Europe à des temps bien éloignés.

Sous Louis XIV seulement, le goût de la bijouterie se répandit dans la bourgeoisie, et les joailliers furent sous Louis XV considérés comme artistes et admis à la jouissance de quelques priviléges.

Il n'y a pas plus de cent ans que, hors de la cour, on ne connaissait que la bague, les boucles d'oreilles, la croix à la Jeannette et le Saint-Esprit.

La croix et le Saint-Esprit sont les deux symboles les plus répandus parmi le peuple chrétien, ce sont des bijoux primitifs d'une signification nettement accusée, comme ceux des Indiens qui, aujourd'hui encore, portent leurs dieux pendus au cou, comme les dames romaines qui portaient pour ornements des priapes et autres objets d'un caractère aussi tranché, d'un goût aussi équivoque.

Les grandes fêtes de Versailles répandirent le goût et la mode des diamants, des parures et des pierreries : pendant la Régence et sous Louis XV, les filles de l'Opéra et les dames aux camellias rivalisèrent de luxe et d'extravagance avec les grandes dames de la cour. Enfin, dans l'affaire du collier acheté pour Marie-Antoinette par le cardinal de Rohan, les diamants jouèrent un rôle politique.

Quelques années avant la Révolution, la mode des pierreries, des bijoux et de la bimbeloterie était poussée jusqu'à la plus sublime extravagance.

Les hommes portaient aux doigts des firmaments octogones, ovales ou taillés en losange; il était de suprême bon ton de changer chaque jour de bagues et de boîtes à tabac; de porter sur chaque cuisse une lourde chaîne d'or chargée de breloques, de pois d'Amérique, de coquillages et de topazes, d'avoir sur son habit des boutons en diamant, et des diamants montés dans la ganse de son chapeau.

Le temps n'est pas très-éloigné, peut-être, où nous serons appelé à jouir du coup d'œil de cet aimable ridicule. Déjà on peut voir dans la vitrine de M. Morin les épaulettes et le chapeau de M. le duc de Brunswick, rehaussés de pierreries estimées un million.

En attendant, nous nous plaisons à constater, à la

gloire de notre époque, que les hommes de bonne compagnie ne portent ni bijoux ni orfévrerie d'aucune sorte. Les femmes honnêtes les regardent, les acceptent, mais ne s'en parent que dans les grandes solennités.

Les bijoux se voient et ne se décrivent pas; nous nous bornerons à citer :

Les parures de MM. Jarry-Ouizille; — une garniture de robe en diamants, formant bandeau, bracelet et broche de M. Rouvenat.

Un ostensoir incrusté de brillants, de rubis et d'émeraudes du poids de huit kilogrammes : Jésus-Christ n'en eut jamais de pareil. — Des colliers de perles, des coiffures en diamants de MM. Marret et Jarry; des broches et des bracelets opales et brillants de M. Hainan, Cosson, etc.

Mais n'oublions pas les joies du pauvre, les fabricants d'or « doublé » et contrôlé « derrière la porte de la Monnaie, » qui souvent, dans le commerce de Paris, sont appelés à l'honneur de remplacer l'or, les perles et les diamants.

Nous citerons parmi les plus habiles imitateurs: Braut, — Dafrique, — Bruneau et Greliche, qui, le premier en France a inventé les fleurs en ivoire;

MM. Savard, qui a obtenu une médaille à l'Exposition de Londres; — Vilemont, Potalier; — Regad, etc.

XVII

LES DIAMANTS DE LA COURONNE.

A voir la foule de badauds qui du matin au soir se pressent, se poussent, se bousculent pour admirer les diamants de la couronne exposés au centre de la rotonde du Panorama, il faut croire que le public professe une grande admiration pour cette verroterie.

Par respect pour ce goût que nous ne partageons que fort médiocrement, nous allons rapporter l'histoire des diamants de la couronne.

La première mention que l'histoire fasse des joyaux de la couronne de France se trouve dans le compte rendu, par Michel de Bourdène, « des choses appartenant à la chambre du roi. »

On voit, dès 1307, Philippe le Bel, achetant de Lorrain Deschamps, orfévre, « vingt-six grosses perles, un rubis balays, une fleur de lis à saffir, puis un hanap d'or à émaux semé d'émeraudes, de perles et de rubis, pour être ajouté es joyaulx de la couronne. »

Agnès Sorel et Anne de Bretagne furent les deux premières femmes qui, en France, se parèrent d'un collier de diamants. Cependant, quoi qu'en dise l'*Art de vérifier les dates*, la taille des diamants devait être assez peu avancée, puisque la belle Agnès appelait cette parure le supplice du carcan — et ne s'y résignait que dans les grands jours, pour plaire à Charles VII.

Louis XI portait plus de Notre-Dame de plomb que de rubis ou d'émeraudes à son bonnet graisseux.

Henri IV avait trop de bon sens pour consentir à se parer de ces somptueuses bagatelles; mais M. de Sancy, son ministre, acheta d'un aventurier portugais le diamant de ce nom, qui a disparu, comme nous le dirons tout à l'heure.

L'usage voulait alors que ces magnifiques joyaux fussent désignés sous le nom du donateur ou de l'acquéreur.

Loménie de Brienne, ministre quelques années sous Louis XIV, reproche, dans ses mémoires, à Mazarin, d'avoir, par vanité, légué dix-huit gros diamants à la couronne sous la condition qu'ils seraient appelés les *Mazarins*.

Où donc était en ceci la vanité?

« Oh! c'est, dit Brienne, que la couronne possédait déjà, outre le *Sancy*, les cinq *Médicis*, les quatre *Valois*, qui sont les plus gros rubis cabochons du monde, les deux *Navarre*, le *Richelieu* et les *douze Bourbons*. » Il était peu modeste, en effet, au cardinal de glisser, sous des diamants, ses armes récentes et son nom en si hautes compagnies. Ces richesses s'étaient accrues plus tard à ce point, que Louis XIV, dans ses jours de représentation, portait sur lui seul pour douze millions de pierreries, et cependant ce fut seulement après lui que la couronne acquit le plus irréprochable des diamants connus. Nous voulons parler du *Régent*, que l'on peut voir parmi les joyaux de la couronne qui figurent à la rotonde du Panorama de l'Exposition.

Voici l'histoire de ce bijou, que nous empruntons aux mémoires de M. le duc de Saint-Simon.

« Par un événement extrêmement rare, dit Saint-Simon, un employé aux mines de diamants du grand Mogol trouva moyen de s'en fourrer un dans le fondement d'une grosseur prodigieuse, et, ce qui est le plus merveilleux, de gagner le bord de la mer et de s'embarquer sans la précaution qu'on ne manque jamais d'employer à l'égard de tous les passagers, dont l'emploi et le nom ne les garantit pas, qui est de les purger et de leur donner un lavement pour leur faire rendre ce qu'ils auraient pu avaler ou se cacher dans le fondement. Il fit apparemment si bien, qu'on ne le soupçonna pas d'avoir approché des mines ni d'aucun commerce de pierreries. Pour comble de fortune, il arrive en Europe avec son diamant.

« Il le fit voir à plusieurs princes dont il passait les forces; et le porta enfin en Angleterre, où le roi l'admira sans pouvoir se résoudre à l'acheter. On en fit un modèle de cristal en Angleterre, d'où l'on envoya l'homme; le diamant et le modèle parfaitement semblable à Law, qui le proposa au régent pour le roi; le prix en effraya le régent, qui refusa de le prendre.

« Law, qui pensait grandement en beaucoup de choses, vint me trouver, consterné, et m'apporta le modèle. Je pensai comme lui qu'il ne convenait pas à la grandeur du roi de France de se laisser rebuter par le prix d'une pièce unique dans le monde et inestimable; et que plus il y avait de potentats qui n'avaient osé y penser, plus on devait se garder de la laisser échapper. Law, ravi de me voir parler de la sorte, me pria d'en parler à monseigneur le duc d'Orléans.

« L'état des finances fut un obstacle sur lequel le régent insista beaucoup; il craignait d'être blâmé de faire un achat si considérable, tandis qu'on avait tant de peine à subvenir aux nécessités les plus pressantes et qu'il fallait laisser tant de gens en souffrance.

« Je louai ce sentiment, mais je lui dis qu'il n'en devait pas user pour le plus grand roi de l'Europe comme pour un simple particulier, qui serait très-répréhensible de jeter 100,000 francs pour se parer d'un beau diamant, tandis qu'il devrait beaucoup et ne se trouverait pas en état de satisfaire; qu'il fallait considérer l'honneur de la couronne, et ne pas laisser manquer l'occasion unique d'un diamant sans prix, qui effaçait tous ceux de l'Europe; que c'était une gloire pour la régence qui durerait à jamais, qu'en quelque état que fussent les finances, l'épargne de ce refus ne les soulagerait pas beaucoup, et que la surcharge ne serait pas très-perceptible; enfin, je ne quittai point monseigneur le duc d'Orléans que je n'eusse obtenu que le diamant serait acheté.

« Law, avant de me parler, avait tant représenté au marchand l'impossibilité de vendre son diamant au prix qu'il avait espéré, le dommage et la perte qu'il souffrirait en le coupant en divers morceaux, qu'il le fit venir enfin à deux millions de francs avec les rognures, en outre, qui sortiraient de la taille.

« Le marché fut conclu de la sorte. On lui paya l'intérêt de deux millions de francs jusqu'à ce qu'on pût lui donner le capital, et, en attendant, pour deux millions de pierreries en gage, qu'il garderait jusqu'à entier payement.

« Monseigneur le duc d'Orléans fut agréablement trompé par les applaudissements que le public donna à une acquisition si belle et si unique. Ce diamant fut appelé le *Régent*. Il est de la grosseur d'une prune de reine-claude, d'une forme presque ronde, d'une épaisseur qui répond à son volume, parfaitement blanc; exempt de toute tache, nuage et paillette, d'une eau admirable; il pèse plus de cinq cents grains.

« Je m'applaudis d'avoir résolu le régent à une emplète si illustre. »

N'admirez-vous pas avec quelle naïveté M. le duc de Saint-Simon, si peu naïf ordinairement, confesse cette petite turpitude commise de complicité avec Law et monseigneur le régent?

Cet employé des mines de Golconde était tout simplement un fripon qui avait été assez adroit pour tromper ses maîtres. De notre temps, ces trois messieurs seraient passibles de la police correctionnelle comme recéleurs et complices d'un vol. On pourrait plaider, pour circonstance atténuante, que le crime a été commis à l'étranger; mais on obtient l'extradition, et dans tous les cas l'action n'est pas irréprochable.

Et puis, voyez-vous Law se faire le compère de M. le duc..., marchander, déprécier le diamant pour l'acheter à de meilleures conditions?...

Et ce coquin qui demande des gages, un nantissement à Philippe d'Orléans, n'est-ce pas curieux?

En 1789, le Garde-Meuble contenait environ huit mille pierreries.

Dix jours après le massacre des prisons, par une nuit froide et pluvieuse du mois de septembre 1792, Douligny et Cambon, costumés tous deux en gardes nationaux, étaient attablés dans l'angle le plus obscur d'un mauvais café de la rue Pierre-Lescot. Une douzaine de bouteilles vides couvraient la table; les petits verres étaient servis :

— Est-ce que ça t'amuse, toi, dit Douligny, de travailler du matin jusqu'au soir?

— Dame! dit Cambon, pour manger, et surtout pour boire... faut bien...

— C'est selon...

— A moins de se mettre voleur...

— En plein vent!... mauvaise profession... on est toujours pincé une fois ou l'autre... J'aimerais mieux me mettre marchand... on est assis tranquillement à son comptoir; — on arrange ses balances ou on travaille la marchandise... Personne ne vous tracasse, et on fait sa petite fortune... à la longue...

— Faut du crédit...

— Et tout le monde ne peut pas se mettre dans le commerce...

— C'est juste...

— Tu es de garde, ce soir? dit Douligny.

— Oui, de dix à onze heures, au Garde-Meuble.

— Une idée!... Si je te donnais, moi, le moyen de faire ta fortune d'un coup... mais une fortune qui te permette de passer le reste de tes jours à ne rien faire?

— Comment?...

— Suis-moi.

Tous les deux sortirent du café.

Arrivés au pied du pavillon à colonnes cannelées qui s'étend de la rue Royale à la rue Saint-Florentin, nos deux hommes aperçurent une patrouille de gardes nationaux se promenant sur la place Louis XV.

— Ce sont des amis, dit Douligny, ne crains rien:

Douligny prend la corde du réverbère, et, s'aidant des pieds et des mains, grimpe le long de la muraille et arrive au pied de la colonnade.

Cambon monte ensuite.

Alors ils coupent, avec un diamant, le carreau d'une croisée, allument une lanterne sourde et pénètrent dans les appartements du Garde-Meuble.

Les armoires sont ouvertes, les coffrets renfermant les bijoux passent de main en main jusqu'au pied de la colonnade — et vont tomber dans les mains des complices qui les reçoivent.

La besogne avançait, quand tout à coup les sentinelles poussent le cri d'alarme.

La nichée de voleurs s'éparpille les poches garnies : une patrouille de vrais gardes nationaux arrive, ramasse Douligny qui s'est laissé tomber à terre en voulant se sauver, frappe à la porte du Garde-Meuble, monte l'escalier, fouille les appartements et arrête le malheureux Cambon, occupé pour le quart d'heure à s'assurer une vieillesse heureuse et indépendante.

Un moment effarouchés, les voleurs se retrouvent et se réunissent à cent pas de là, sous une arche du pont de la Concorde. On écoute un instant :

Personne !

Alors on forme le cercle ; on ouvre les coffrets, et la distribution commence :

Le partage se faisait loyalement, comme cela se pratique entre voleurs qui s'estiment, quand, tout à coup, je ne sais à quel propos, la bande s'effraye, jette à l'eau les diamants qui restaient à partager et se sauve de tous les côtés.

Douligny et Cambon, arrêtés, interrogés, jugés et condamnés à mort, firent des révélations : des complices furent arrêtés, des diamants retrouvés, seulement le Sancy disparut :

Obligé d'acheter des grains pendant une année de disette, le Directoire, sans crédit et sans argent, donna une partie des diamants de la couronne en payement aux Turcs et aux Maures de Tunis, d'Alger, de Fez et de Maroc.

C'est la première et la seule fois peut-être qu'ils aient servi à quelque chose d'utile. Vers la même époque, le Régent fut donné à la banque d'Amsterdam, en garantie de six millions de fourrages. Le général Bonaparte, premier consul, chargea, dit-on, Duroc, son aide de camp, d'aller reprendre le diamant en Hollande après Marengo. Peut-être le consul prévoyait-il déjà que, bientôt, empereur, il porterait le *Régent* tantôt à son chapeau comme bouton, tantôt comme agrafe à son manteau de cérémonie, et tantôt au pommeau de son épée.

A l'égard du Sancy, volé au Garde-Meuble, vendu en Espagne après avoir appartenu au Portugal, offert pour cinq cent mille fr. à Charles X, marchandé par S. S. le pape, qui ne voulait s'acquitter qu'en terres, il fut acheté par un des plus riches particuliers du Nord, qui le paya comptant et s'empressa d'en faire hommage à l'empereur de Russie. Le Régent seul figure à l'éblouissante exposition des Champs-Élysées. Que de fois, depuis Louis XIV, ces pierreries n'ont-elles pas changé de place, de monture et de propriétaires! Qui pourrait dire aujourd'hui : Voilà les Valois, les Médicis, ou les Bourbons?

Les diamants de la couronne, en y comprenant le Régent, qui, seul, est estimé huit millions, furent, en 1829, évalués à vingt et un millions.

Toutes ces pierreries ont été confiées aux plus habiles joailliers de Paris, qui en ont fait : M. Fechter, un bouquet ; MM. Lemoine, des croix et plaques de la Légion d'honneur ; MM. Maret et Baugrand, une coiffure avec des torsades ; M. Kramer, une ceinture en brillants, et M. Bapst, un devant de corsage, un collier, une guirlande en feuilles de groseillier, des bracelets, des colliers de perles et de rubis.

Depuis l'ouverture de l'Exposition jusqu'au jour où nous écrivons ces lignes, la foule n'a pas cessé un instant de venir adorer à la suite les diamants de la couronne : O puissance de l'imagination ! ce n'est pas cette verroterie qu'on admire, c'est le capital immense qu'elle représente... Si les diamants tombaient à trois francs la livre, personne n'en voudrait porter.

XVIII

L'ÉTOILE DU SUD.

M. Halphen a reçu dernièrement du Brésil un diamant extrêmement remarquable par les dimensions et par la pureté de sa forme cristalline. Les lapidaires l'ont surnommé l'*Étoile du Sud*, pour le distinguer des diamants historiques. L'Étoile du Sud a été trouvée, à la fin de juillet 1853, par une négresse employée aux mines de Bogayem, l'un des districts de la province de Mines-Gernès. C'est le plus gros diamant venu du Brésil en Europe.

Les diamants les plus célèbres, celui de l'empereur de Russie, celui du grand-duc de Toscane, le Ko-hi-noor, sont tous originaires de l'Inde.

L'Étoile du Sud, qui attire les regards de la foule à l'Exposition, pesait 52 gr. 275 mil., correspondant dans le langage des lapidaires à 254 karats et demi; par la taille ce diamant a perdu à peu près la moitié de son poids, il se trouve réduit à environ 127 karats.

Ce poids le place encore au rang des quatre ou cinq diamants les plus précieux. Le Régent pèse 136 karats; le Ko-hi-noor, appartenant à Sa Majesté la reine d'Angleterre, et qui a fixé l'attention publique à l'Exposition universelle de Londres en 1851, pèse de 120 à 122 karats.

Le prix des diamants qui offrent des dimensions analogues à celles de l'Étoile du Sud ne saurait être même indiqué ; ces diamants exceptionnels ne peuvent être considérés comme des objets de commerce, parce que leur valeur, qui varie dans des limites considérables et suivant les circonstances, est toute de convention. Nous rappellerons seulement que le Régent a été porté, en 1848, dans les inventaires de la couronne pour huit millions, et que le Ko-hi-noor a été cédé à la Compagnie des Indes pour six millions.

Tous ces bijoux, toutes ces parures, nous les enfermerons dans le délicieux petit coffret de M. Riester, dont nous reproduisons le dessin, d'après une photographie des frères Bisson. C'est un petit meuble en ébène dans le goût de la Renaissance, de trente centimètres de hauteur sur une largeur égale.

Sur les panneaux en acier, gravés à l'eau-forte et incrustés d'or, on voit des luttes de dragons ailés, de guivres et de chimères enlacés.

Les bordures des panneaux forment un gracieux fouillis de feuilles de vignes et de grappes de raisin en argent. Quatre groupes de chimères ailées en argent ciselé forment les quatre pieds du coffret, que surmonte un groupe de génies terrassant un dragon.

Ce petit meuble fait le plus grand honneur au goût et au talent de M. Riester.

Le prix est de deux mille francs.

Il est une réflexion que, comme nous sans doute, tout le monde s'est faite, au moins une fois, en parcourant les merveilleuses galeries de l'Exposition.

— Je pourrais vivre cent ans, heureux, tranquille, doucement occupé à ne rien faire, avec le revenu d'une de ces grandes pièces d'orfévrerie destinée à orner le buffet de quelque boursier heureux ou d'un grand seigneur podagre.

— Vos diamants sont fort beaux, monsieur Rapst, mais j'ai d'excellentes raisons pour ne jamais vous les acheter.

— Mon propriétaire ne voudrait probablement pas démolir la façade de la maison que j'habite, pour donner passage à une de ces grandes glaces de Saint-Gobain.

— Et combien sont assez riches pour acheter ces cristaux, ces tapis, ces bronzes, ces beaux meubles sculptés, ces dentelles et ces étoffes de soie et d'or?...

Le coup d'œil est assez agréable pour être payé, je le veux bien, mais après?

Que me reviendra-t-il, à moi, de toutes ces richesses amoncelées?

On a compris que le concours industriel du monde civilisé devait produire quelque chose de plus fécond, de plus utile que la satisfaction d'un sentiment de curiosité. Une Commission est chargée de rechercher et de classer à part les objets de première nécessité qui se recommandent par le prix ou la fabrication.

Voici, du reste, le programme adopté par la Commission :

« Une Commission spéciale, autorisée par M. le commissaire général, recherche dans l'Exposition les objets que leur bon marché et leur bonne qualité rendent particulièrement utiles à la vie domestique la plus simple.

« Une partie de ces objets sera exposée dans un local spécial.

« Le travail préparatoire est sur le point d'être terminé.

« MM. les Exposants qui voudraient soumettre aux appréciations de cette Commission les objets qui leur appartiennent, sont priés de s'adresser, dans le plus bref délai, à M. Savoye, commissaire du classement; à M. Audley, bureau des réclamations, ou à M. de Pelanne, sous-inspecteur, qui ont entre les mains le catalogue détaillé des objets étudiés, et les préviendront des jours où s'assemble la Commission.

« MM. les commissaires étrangers sont instamment priés de répandre cet avis parmi les exposants de leurs nations respectives, et de les inviter à s'associer à cette utile pensée.

« La Commission spéciale, pour faciliter la recherche et le classement des objets dont elle avait à s'occuper, a adopté les quatre divisions suivantes :

« Logement — ameublement, chauffage, éclairage, blanchissage, substances alimentaires et autres — vêtements. »

Nous approuvons sans réserve la création de cette Commission, et nous rendrons, dans nos livraisons suivantes, un compte exact de ses travaux.

Nous allons, pour quelques instants, quitter le Palais de l'Industrie et laisser nos modestes fonctions de commissaire-priseur, pour prendre la plume du marquis de Dangeau, l'historien de la cour de Louis XIV.

Nous commencerons notre prochaine livraison par une promenade dans Paris; nous vous raconterons l'histoire du voyage de la reine Victoria; nous examinerons ensuite les bronzes et les ameublements qui occupent une place si importante à l'Exposition universelle.

FIN DU PREMIER VOLUME.

LA REVUE

DE

L'EXPOSITION UNIVERSELLE

OFFRE EN PRIME GRATUITE

A SES ABONNÉS

Une admirable lithographie sortant des ateliers de Lemercier,

INTITULÉE

SOUVENIR DES CHAMPS-ÉLYSÉES

en 1855

Les personnes qui auront visité l'Exposition constateront admirable fidélité de nos dessins; les autres, moins heureuses, pourront se faire une idée complète et fidèle du spectacle merveilleux que Paris offre en ce moment aux étrangers accourus de tous les points du globe.

Le panorama général est divisé en cinq parties, formant chacune le sujet d'un cadre séparé.

La première, au-dessous, représente une vue à vol d'oiseau de la place de la Concorde avec ses deux belles fontaines et l'obélisque au milieu : la colonnade du Garde-Meuble à droite, à gauche, pour pendant, la galerie des machines, qui s'étend jusqu'à Chaillot, sur une longueur de douze cents mètres.

Au premier plan, en face, le massif des beaux arbres des Champs-Élysées, coupé par la grande avenue qui mène à l'Arc de Triomphe de l'Étoile.

Plus loin, le Palais de l'Industrie à gauche, le Cirque et l'Élysée à droite.

L'Arc de Triomphe couronne dans le lointain cette vue générale d'une fidélité merveilleuse.

Le second dessin représente, dans de plus vastes proportions, le Palais de l'Industrie, pavoisé des drapeaux de toutes les nations, avec les massifs des beaux arbres qui l'encadrent;

Le troisième est une vue de l'Arc de Triomphe qui couronne la grande avenue des Champs-Elysées;

Le quatrième, de la grande avenue des Champs-Elysées;

Le cinquième est la perspective de la galerie des machines se perdant dans les lointains brumeux des hauteurs de Passy.

La vue de ce cadre merveilleux peut seule donner à nos lecteurs une idée de toutes les merveilles qu'il renferme, et dont nous allons continuer la description.

Achetée chez un marchand d'estampes, la prime ne coûterait pas moins de dix francs, c'est-à-dire le prix de nos quatre volumes, formant une encyclopédie des arts et de l'industrie au dix-neuvième siècle.

PARIS — TYP. SIMON RAÇON ET Ce, RUE D'ERFURTH, 1.

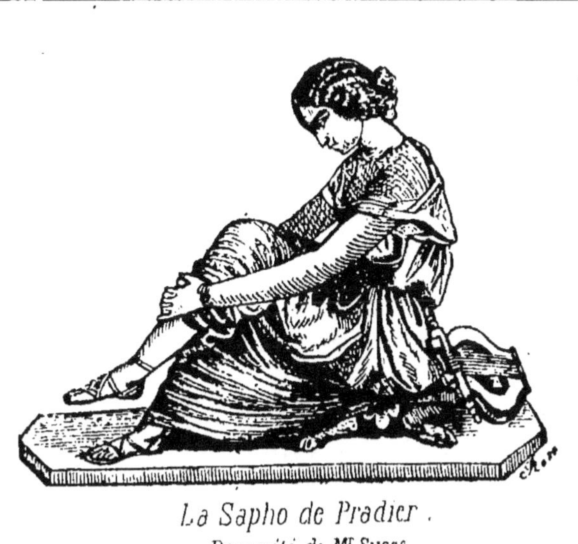

La Sapho de Pradier.

Propriété de Mr Susse.

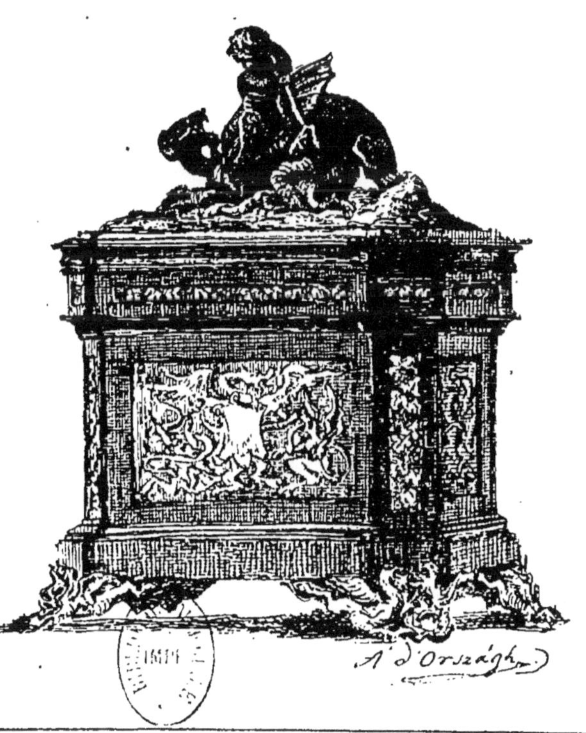

Imp. Lemercier, Paris

Coffret de Mr Riester.

www.ingramcontent.com/pod-product-compliance
Lightning Source LLC
LaVergne TN
LVHW010620110826
845149LV00003B/983

* 9 7 8 2 3 2 9 0 7 0 8 2 7 *